PANDEMIX

Rosabelle Boswell

Langaa Research & Publishing CIG
Mankon, Bamenda

Publisher
Langaa RPCIG
Langaa Research & Publishing Common Initiative Group
P.O. Box 902 Mankon
Bamenda
North West Region
Cameroon
Langaagrp@gmail.com
www.langaa-rpcig.net

Distributed in and outside N. America by African Books Collective
orders@africanbookscollective.com
www.africanbookscollective.com

ISBN-10: 9956-551-65-1

ISBN-13: 978-9956-551-65-1

For all those with feelings.
Cherish them.

Cover Image:

Night Thoughts,
Tanya Poole,
ink and watercolour on paper,
30 x 40cm, 2020

Artists featured in this anthology:

Tanya Poole
Marjorie Laville
Vulindlela Nyoni
Roddy Fox
Margot Muir
Kader Abdulla
Patrick Morrow

Table of Contents

Introduction

What is the place of feeling in a time of dramatic social change and tragedy? Before Covid-19, modern society had become adept at numbing, hiding, suppressing and controlling human feeling. Embedded in a capitalist economy, modern humans managed feelings by consuming everything in sight: land, animals, women and the poor, oppressing many to attain fleeting pleasures and corruptible goods. By 'stopping' the world and forcing people indoors and compelling all to at least witness the vulnerability of others, Covid-19 compelled humanity to feel. This is ironic, because the contagious nature of the disease also requires that people physically distance from each other and cover their faces.

Shortly after Covid-19 was declared a global pandemic, governments worldwide sought to stem the tide of infections. Countries went into 'lockdown' forcing people to stay home. In Africa, lockdowns varied. Fearing loss of income, some governments did not institute 'lockdowns'. Others, like South Africa however, did. South Africa implemented a strict lockdown to buy time and prepare health services. Despite these efforts, the virus spread, and the number of people infected with the virus grew. The public health services, strained by years of under-investment and inequality were not able to reach the level of preparedness desired by government. Drought and centuries of racial inequality added to the crisis, confining the majority to poor access to health services.

Presently, the poor and historically marginalized, those who cannot afford to physically distance and self-isolate, are the most vulnerable. The vulnerable include those confined to crowded settlements in Africa and the poor suffering similar conditions in the African diaspora. Their situation is the result of centuries of oppression, an oppression that brings poor access to basic health care and a legacy of non-communicable diseases.

The Covid-19 landscape is also marked by the wealthy and powerful. Those able to self-isolate. Those receiving high quality care. Those living in the urban centers of highly 'developed' states. Such spaces are not immune from the ravages of Covid-19. The virus has found alternative entry points: age, social proximity, racialized beliefs and cultural habits. Thus, those with strong societal bonds expressed in embodied forms of greeting, the mobile and those believing in personal invulnerability, also contracted the disease.

In six short months, millions became infected and nearly half a million people died across the world. There were key symptoms of severe disease, the most apparent of which was shortness of breath, a symptom that came to signify intolerable racial oppression. The Internet became a primary source of information regarding symptoms of the disease, providing news and insight into the pandemic and the nature of the virus. Those with data tried to tease out their chances of getting ill and dying. Some tried to decipher scientific jargon concerning the viral illness and others watched in horror, as patriarchal leaders and state disavowal led to the death of thousands in ill-equipped hospitals and old age homes. Nurses and other professionals linked to the health industry protested against the lack of proper protective equipment. Even so, many died, sacrificing their lives to deliver care.

Telling this story is important. However, there is a risk that in doing so one might omit nuanced experiences of suffering, sacrifice and outrage. This anthology hopes to add nuance to public thoughts and expressions on Covid-19. It hopes to do this by providing some insight into the range of human emotions experienced during the first six months of the pandemic. Through poetry I seek to articulate the emotions and mental states of various people, those who consider themselves old, children, sisters, fathers, doctors, young women and artists. I also seek to express the fluctuating state of the 'Coronacoaster', the experience of liberation from modern strictures of work followed by despair arising from being in a society where 'normal' life has been eviscerated.

At first, deep in the bowels of existential self-reflection, the privileged did not notice the impact of Covid-19 on the poorest of the poor. They retreated to the hearth, baking bread, exploring new culinary vistas, drinking their last bottle of wine and lamenting the lack of access to hairdressers. By contrast, the 'wretched of the Earth' à la Fanon, those overrun by cunning politicians pretending to deliver economic progress, continued to suffer. The police, emboldened by injunctions to control the movement of people outdoors, brutalized the poor. In South Africa some 230,000 people were arrested in the first two months of lockdown. Collins Khosa and eight others who 'violated' lockdown rules were murdered. In the United States, while the country grappled with the rapid spread of the virus, George Floyd, an African American man, became the latest victim of a murderous police force that had long terrorized African Americans. Floyd's murder unleashed a national and global protest against racism. Via the Black Lives Matter movement, people across the United States and the world protested for racial equality and justice.

In keeping with my previous anthology which in part, deals with the issue of belonging in South Africa, it is not yet clear to what extent the lives of migrants have been affected by Covid-19. Reports suggest that because migrants do not have 'papers', they are extremely vulnerable to the virus and its attendant effects on the economy.

The impact of Covid-19 on women is still being assessed. During lockdown gender based violence and femicide rocketed in South Africa. And, as lockdown eased and government lifted the ban on alcohol sales, femicides resumed. Men murdered their intimate partners. These events, these violent acts, have pulled a range of emotions out of communities across the world.

In a media saturated world, where emotions are ephemeral, poetry makes space for the pause. It compels a voicing and capturing of emotions. This anthology hopefully unveils the range of emotions experienced under lockdown. Some of the work adopts a 'creative' approach, drawing inspiration from artists in South Africa and beyond, work that visually renders the emotions of the day. Beginning with *Eye Knew*, which responds to the art of Tanya Poole, the anthology opens with a thought of the divine, an idea about how humanity's 'free' choices led to the pandemic. The blink acknowledges the relative nature of time for humans and the divine.

Adrift in a sea of frailty, uncertainty and loneliness in what Didier Fassin would call the 'empire of trauma', various stories emerge. There are tales of sacrifice (*The Touch*), desire for a plastic past *(Fast Food)* and unremitting racial and gender-based violence *(Crossings, Black Out* and *The Last Dop)*. There are also tales of love inspired by the art of Marjorie Laville (*The Path, The Pact, Endless* and *Alleyway*), constraint (*Dark, Silence, Away* and *I See*), disregard (*The Boy* and *Unmasked*), nostalgia (*Beyond Compare, I Remember, Ella Kinda Day and My Mother's Garden*), fear (*Boeber, Pro Schola Mori* and *Listening*), how it feels to be free (*Razor Blade Wire*), despair (*Crossings* and *Black Out*) resignation (*Dying Alone*) and emotions arising from a politics of abandonment in the United States (*Give Me, Common Sense, I Don't Care*).

In this epidemic space there are also thoughts and emotions about an imagined future, an anticipation of what it is come long after the virus has ebbed, and humanity seeks to establish new ways of being. There is the possibility of a dystopic imagined future where humans live in a barren landscape devoid of life. A place where few rebels remain (*Rebel*), hope tries to flower (*Landing*) and longing lingers (*Waiting* and *After*). There is also the possibility of a future in which we experience fundamentally *Altered States* and finally, a realization that as a living species, we are part of a complex and balanced ecosystem (*New Horizon*). It remains to be seen what it will be like to move on, when this new past is still with us.

Eye Knew

The eye knew
The terror
Behind the glamour.
It saw the raw
It saw the saw
In markets
On streets
In lab coats
In pipettes deep.
It saw the slip
It saw the fall
It saw the spread
Of plague, on all.
The eye burned
Till it could no more.
It blinked
And two million years
Disappeared.

Never You Mind

Never you mind they say
Be not affected by hysteria and hype
For a virus can be washed away
And ne'er your door blight.
Never you mind they say
Our leaders are in control
They are talking and talking
And deciding behind closed doors.
Never you mind they say
We'll send men all in white
They'll take you and pill you
Till your eyes turn bright.
Never you mind they say
You're young, tall and strong
The virus only takes the weak
Those who won't take long
Never you mind they say
But they are wrong.

Dark

And then it rained
Suddenly.
The sky understood
That darkness in that dark wood.
It opened up and gently
Let the rain fall.
Sheets of windswept water
Slid slowly down the window.
It was fine in the dark,
Because the sky understood.
The sky prepared mud
It inquired if a storm was possible,
If blazing ice could accompany it
If, for a writer whose hands
In a sink full of plates remained,
The rain could fall right there
And wash away the stains.
It carried on that rain,
Urged onward by the sky
The writer lay on her bed and slept,
Dreaming of adventures
Across open lands
Dreaming with free hands.

Silence

I tried silence
But the kettle
Would have none of it.
Don Williams on my phone
Would have none of it
Tip tapping on the deck
The dog's paws
Would have none of it,
Neither would the drip drip
In the sink on the dishes.
Then sunlight streamed through the window
It gleamed upon the kitchen table
It bounced off the pot on the stove
And squeezed through the legs
Of the ironing board.
It caused rising dough to overflow.
All became still.
And I stood at last,
warmed by its brilliance.

Away

He wished for away.
A way to go back
A way to the fields
To the top of the spire
Where the bell lay silent.
Away in tall grasses
In hills and valleys.
The bird so light, so unassuming
Opened its wings
Delicate bones,
Resting one upon the other.
Away it went, into the wind
It took him along.
He was no longer there.

Photo of a Sunbird by Roddy Fox

I See

I see sunlight on a deck
Scored with perfect grooves
Casting perfect shadows
That live without a care.
It burns my feet as I
Walk to the washing line
Brimming basket tucked under one arm.
My thoughts evaporate
As wet linen falls on the line.
Ideas melt like Dali's clocks
Irretrievable in a burning light.
Thoughts of discourse, narrative and argument,
Shrink as the clothes expand for,
Physics commands that,
Every action has an equal an opposite reaction.
A pity, no one else can see, what I see.
Inside, my mind is bossoming
Among wild golden grasses near a ragged shore.
But,
I am left with the perfect grooves
In the deck
And sunlight falling everywhere
But on me.

With You All the Way

No matter the darkness
Creeping behind
Or the darkness lying ahead
With your hand in mine
Dear sister,
The darkness has no hold
For our dresses are white
And our souls are pure
Our sisterly love, set to endure
So cast off your worries
And come dance with me
Through darkness to golden fields
Where sunflowers laugh
And bid us to play in the sun.

The Path

They walked hand in hand together
Along an uneven path
The sun had dipped beyond the hills
A brief respite, they laughed.
A warm glow filled the valley
Its champagne, light upon the grasses
Their hands were warm from years of love
Their eyes soft from forgiveness
Although uneven
The path did not matter
For their hands were linked
And their hearts,
merged, forever.

The Pact

'There should be sunshine after rain'
Cried the tulip to the rose
'For the sun is so delightful on
My petal soft nose.
I am lonely in damp soil
I am without repose.'
'Come with me' Said the rose
'My perfume is enough.
My scent will take you through
Uncertain wait and the rough.'
Leaf around stem, the tulip and the rose
Whispered to each other redolent prose
Fragrance filled the air
Passersby went by, unaware
Of the pact between the pair.

Alleyway

I saved that pink skirt just for you
So that in the dark alleyway
You would see me and know
that I was coming to see you.
You, in return, with your hat tipped just so,
Your shoes shiny from the rain
Would kiss me in the alleyway
Like you did yesterday,
Again.

Painting by Marjorie Laville

Endless

Endless is the sea
That flows behind you and me
Its tides are tied, to the dance of the moon.
Endless is the sky
Above our unchanging silver hair
It changes with the seasons.
Bringing blooms or frost to air.
Endless are the beaches on the horizon beyond
Beach into hills, valleys, forests and on...
Endless is the moment
I sit holding you close
Endless is the scent
Of your perfumed coat.
Endless is the ache in my old tired knee
But it does not matter because
I know
Endless is the love, in your heart
For me.

Beyond Compare

As I walked among flowers all in bloom
that cautious Spring
I thought them perfectly beautiful
Perfectly perfect in nature wild.
But my sister saw my flowers
Painted in a vase and said,
'Your flowers are most beautiful dear.
Their beauty is beyond compare
Not because God has painted them
But because your heart is in there.
We shall walk side by side,
You the artist and I, the scribe
And never shall those flowers in the wild,
Be more beautiful
Than the flowers in your vase.'

My Mother's Garden

In the valley
Where the sun hardly set
There was a most abundant garden
Carefully cultivated by my mother.
She reminded me,
'we shall never have those times again
That soil, that air, that sunlight and rain.
Fertiliity was perfected
Under that southern sun.
Bartered yams, lemons, tomatoes and brinjals
Went to neighbors in barrows
And returned with herbs and marrows
What a time that was!
Under the malaria skies
We lived, like people alive.

I Remember

I remember you plaiting my hair
Under glorious fruit trees
Shielded from the sun.
Juicy jewels dangled above us
Within easy reach of our eager hands.
Only the brightest bluest sky
The tender leaves of lemon trees
And dancing guavas could we see
And when the mango flowers
Blossomed up above
I knew that through all seasons
You
I would always love.

Pleasure Treasure

I miss your sturdy columns
Holding fast against the tide
I used to run to them
When from the world
I need to hide.
You'd shelter me from the sun
You'd hold your head with pride.
Your tattooed beams stretched
Like a surfer in sepia sunshine.
How many times have you and I
Bet I could not sprint to the end?
You know my weaknesses
My failures
My vulnerabilities.
But even so, you urge me on
First to walk along the open slats
To see the surging sea below
Then, to edge to the edge
And search for dolphins.
What a pier you are!
A pleasure treasure.

Ella Kinda Day

Its an Ella kinda day
Coz the breeze holds a little chill
And the misty wants to rise
On imaginary hills.
I feel dizzy with Gillespie
And a little jazzy with James
I'm lookin' for the sunshine
That doesn't want to shine again.
Rain won't come either
The sky's as blue as can be
Like Armstrong ordered it
To remain glad and true.
But on an Ella kinda day
I think Julie will swing by
And tell me of the boy
For whom a river she did cry.
I'm not supposed to be here
Tellin' you these things
I was just listenin' to Ella
Whilst I was ironing.
Steam rose from the shirts
Ella's preferred misty,
Mournful, playful and a little gravelly.
And on an Ella kinda day
Your mind does tricks on yer,
You start thinkin' about love
And all sorts of things,
You shouldn't be thinkin' of
Of speakeasies and dancing
Of smoke filled lounges
Of dresses with tassles

And lipstick on gin glasses.
Maya sent me cadence
From beyond the grave,
Rhymes and strappin' sentences
Thinkin' that is brave.
But I ain't no Maya
And never will be
I'm just an island girl,
On an Ella kinda day.

Home

Fish are jumpin'
Grass is smiling
Sun high up in the sky
Burning with delight.
Wash your eyes
Dry those tears
Time cannot turn back.
So lie real still
In rising light
Grass touching your face,
Let cool memories
Slip silently by
And take you home.

The Fruit

It took seven years to grow
That tree.
It took seven years to blossom
It took seven years to prune
Seven years to fruit.
Seventy-seven visits needed
To water the fragile sapling.
Seventy-seven times seven
To have that fruit
Hanging on that tree
In a garden so green
Rooted in soil deep.
Fruit sweet
Fruit full of promise
Fruit fully desiring
Of harvest.

Gentle Repose

The lemon tree
Gave its bounty willingly
To my kitchen my tray
Tart lemons now lay there,
In gentle repose.

Through the Window

I sit by the window
With a candle beside me
While rain softly falls outside.
Outside is such a foreign concept now
Like lighthouses and sailing dhows
What would it be like
To be free, to walk or bike
Anytime, anyday, anyhow?
The memories are fading
Of screeching gulls
And of ships with rusted hulls
I look through the window
There comes my dog, low and slow
Paws heavy with experience.
His rheumy eyes tell me
New memories are waiting.

Boeber

Stay right here by my side
As winter approaches
Cold winds we must abide.
I love you a million times over
A million times a million
My love for you is so deep
If it were an ocean
Its bed would be unseen.
I see your tiny hand
Boldly painting me
For you,
I would face bitter wind and rain,
The prospect of never going out again
I would shield you from all grief and pain
My sweet child
My baby,
My boeber.

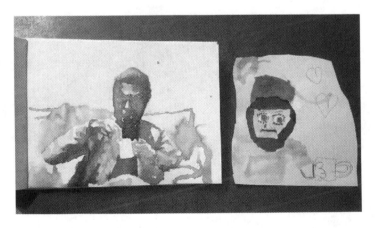

Painting by Kader Abdulla

Razor Blade Wire

Razor blade wire
Wrapped around my house
Where is my freedom
In the dark, windless
night?
Razor wire for my
protection
From vulture viruses
that alight
To pick at
unsuspecting victims
Morning, noon and
night.
But I am a bird
Whose spirit is light
I float over rivers
I glide over tides
No razor wire can
hold me
No dark, windless
night
I escape all who hunt me
My voice is delight.

Printwork by Vulindlela Nyoni

Pro Schola Mori

Sent to the trenches
In droves to die
The soldiers of the nation
Did not know the lies
All they knew was duty
Something noble and true
Encouraged that war
Was a good thing to do.
And so young men died
As poets foretold
In trenches alone
Soft souls turned cold.
We've learned nothing, it seems
From a century of history
We accept new lies
Pro schola mori.

The Boy

I watched him teeter
On the edge of the pavement
Unmasked.
His eyes focused on the ground
The steady, unfailing ground.
Arms akimbo
He balanced in the invisible air
I wondered
If he had a home
If he was teetering towards it
If he was breathing it in
My heart broke a little,
Then I walked on.

History

I've been thinking about history
About the Incas and their temples
About the passing of the ancients
Through great perils and strife.
No one focuses on that though
As only the temples remain.
History tells us
Of their feats and inventions
Of sacrifices and sports
I wish knew more mum,
About life in their homes.

Listening

You have listened long hard
to those not holding tiny hearts
You have listened long enough
to those who say you must be tough
Listen they say, to our promises and lies
Do your part and no-one need die.
But they barely understand
The foe behind the door
They have not seen its eyes
Or the hooks on its toes
All they know is that it hisses
In the ebbing breath of those undone.
Listen to yourself.
Listen to your heart.
Listen to the voices of those with tiny hearts
Are you not going hear them?
Are you going to let them walk out of the door?

Crossings

Green is how I feel
Crossed with shades of blue
I am crisscrossed with others
In an unending blended hue.
All alone I cross the street
At least that's what I think
I'm inside my skin,
Alone I breathe
But I am crossed with others
Their paths cross mine
We crisscross each other
On crossings divine.

Black Out

Black is the night
Black is the day
Black is the color
Of the sun's rays
Deep is the dark
Deep, fierce, stark.
Nothing escapes it
But the light in our hearts.

Fast Food

If you can taste it they say
There's no need to resist
Order what you must
And from complaint desist
Give in to the fatty crunch
For dinner and for lunch
That tasty mutilated flesh
Of hastily grown fowl
It has no qualms you know
Its purpose is fulfilled
To meet your ever growing need
For food and for speed.

The Last Dop

It twinkles in the corner
Seducing as you pass by
It does not know its place
It does not understand
That like a woman
In its place it must remain
Under the hand of a man.
Less than what he is
Ready to be consumed, at will.
No, like the virus that flies
Its bubbles escape
And floats away
Like a woman who thinks
She is free.
I will fix this
It will stay put
No silly ideas of freedom,
It's the last dop.

Unmasked

Down the street
Past a child
Past a mother
Past a father and his dog
Past the couple
Who for 50 years have loved each other
Past the street-sweeper with a family of five
Past the check-out girl waiting for her ride
Release a million droplets, infectious and alive
All for the beauty of an unhindered ride
Unmasked, the runner runs, the rider rides
Trusting in the air left behind
Down goes the child
Down goes the mother
Down goes the father
Down goes the couple with 50 years of love
Down goes the street-sweeper who cannot afford gloves
Down goes the check-out girl that was her last cheque
But the runner keeps on running, the rider rides
Unmasked,
Unchecked
Unworried about other lives.

Give Me

I don' need nobody
To tell me how to live
I live my life as I want
In the forests or the swamp
I ain't gonna give you
My freedom or my gun
Coz it's my constitutional right
To be right when I'm wrong.
Give me my freedom
To be free to die
Coz who knows if heaven
Is not just pie in the sky?
My grandaddy said, 'Son,
Make you're own way,
'Murica has it all for yer
But you gotta go all the way'
So,
Give me my fatigues
I've been through many wars
And all govts are anyway
Run by a bunch of whores.
They'll pretend, preen and lie
Then, alone you'll die.
Like a $20 client on a 5c high
They'll bag, tag and dump ya
And no one will know where u went
They'll drain yer of everythin'
And leave you high and dry
So give me my freedom
I'm ready to die.

Common Sense

They say humans have five senses
Some argue there are six
But you'd be lucky these days
To find a human with any.
There's smoke in the air
And if there's smoke is there fire?
But there's no telling really
And apparently no-one's a liar.
Newsmen are talking and talking
Presidents are giving advice
And aunty Mabel's media updates are
Raising your ire and angst.
The afflicted cannot taste
The self-freed refuse to see
And the rich are not touching anything
Not even their precious deliveries.
So,
Use your sixth sense
Not intuition, common sense
Come to your senses!
Are you keen to die?
If so, rest assured
Dying may be a sensible thing to do.

I Don't Care

I don't care if they cry
I don't care if more die
I don't care if they gather
And burn the country down
If they starve under bridges, stars or stairs
They can rot in body bags for all I care.
I will take any pill I damn well please
I will lunch and golf, all with ease.
Beneath my feet, their skulls crumble
I wear no mask and hardly stumble
Words escape me, nay, they run
I am not known for witty puns
While some fiddle with trips to Mars
I remain right here, like an iron bar
Solid, unbending, the same right through
I don't care about them
And guess what?
I don't care about you.

Drawing by Patrick Morrow

Words

'There are images here not words'
The artist said,
But the scribe disagreed.
For, she'd heard the sky
before which the cypresses stood.
They whispered to the house on the hill
The windows whispered back
But their voice was so soft, the sky did not hear.
So, they begged the trees for wind
To cool the walls and make the grass dance.
'Honor your word', the windows pleaded
'Fill us with your breath, our time here is short.
Soon the curtains will be closed
And our eaves will remain dry.'
The scribe heard the grass agree
She saw them nod and beg the trees
Some were charred, aged, undone
But still they had a voice.
Rasping, they said, 'pull the clouds low
Bring them down below
Bathe us in rain
Let us dance again'.
The trees heard and lifted their branches high
And, with great flourish pulled down both wind and
cloud
The scribe heard the house rejoice,
She saw the grasses dance
It rained hard on the eaves and the windows
The house was cool, no longer dry
It rested and smiled
Under a dark but generous sky.

Small

Small though I am,
I am surrounded by giants
Elders and ancestors
With whom I walk.
It is in between
That I am protected
In between that
I can follow.
Water circles my feet
Wetting my trunk
Bidding me to play.
I am full of love
Surrounded by comfort
And never lost
The knowledge of my elders
And the love of my ancestors
Hold me aloft

Photograph by Margot Muir

Windless Night

It is a night both dark and windless
The sailors look to the stars
And wait for the wind to stir
But the night is blackened lead
Weighing down upon their chests
Stilling thought, voice and breath.
Through the windless night
The sailors wait
For a cautious breeze
And sunlight upon the deck.
Hope shall fill the sails
And from a dreamless sleep, the sailors wake
Their ship will plough the ocean deep
And promises to merchants shall they keep.

That Tide

I've known that tide since I was a boy
That tide, it knows me
I rise in the morning to greet it
It rises with the sun to greet me
It pushes my fish to the surface
They dance and cleave to my hook
I'm a lucky fisherman from the island of joy.
I am poor they say, I am old,
But me, I still have that tide
And, I am still a boy.

Painting by Marjorie Laville

The River

There is a river in a valley
It tumbles and twists,
It edges muddy banks,
It carries stones, sand and silt,
It considers everything
As it barrels to the sea.
There is no boat on the river
All stand by and watch it flow,
And yet the river speaks.
It roars and gurgles, beseeching
The fish to rise and hold its hand.
The river will not cry
Though its sorrow is deep
It swims to the sea
And there, with thoughts unheard,
Alone, will sleep.

The Touch

Before I held their hand
And through me
The healing poured
I felt faint pulse
Clammy palms
Cold, grip-less fingers
Tight, feverish bodies
Sweating sheets wet
I saw regret in hooded eyes
I felt the stare of those about to die
But now there is no touch
I cannot feel heat or cold
No healed youthfulness
Or the convalescence of the old
But I remain touched
I feel their anguish
Their hope
Their desperation
Their desire to live again
I reach out
And touch their souls instead.

Dying Alone

'Everyone dies alone', I said
'No need to fear that.
In the end, as in the beginning
You're alone.
Then as now, there are experts
Eager to see you wrapped up.'
Then I looked and saw myself
Motionless after gagging and thrashing
I wasn't sure if I was living or dying
I was alone, properly so
No-one was going to do this for me.

Rebel

He'd never tried to stand out,
To be a rebel.
He was born that
way
After the virus.
The virus that,
Felled nations
Stopped cars
Dropped planes.
So,
When they offered
the implants
When they offered
that cure,
He refused.
He wanted to blossom, like
nature
In a fading human desert.
He was, a rebel.

Drawing by Patrick Morrow

Landing

The next day
He made it to the furthest side
Of the underside.
The place where,
If he waited long enough
The suns would surely rise.
Three brilliant suns
Rising like dragons
To fill the sky with molten light.
A place where,
Tiny green shoots grew through
Hardened soil.
He put on the suit
Left the visor open
And, breathing acrid air
Wandered over
To be with life unhindered.

Drawing by Patrick Morrow

Waiting

He sat there for some time
Waiting for the rover to return
It was getting dark.
The sun had fallen
It was cold
It was dark.
The rover was not in sight.
So he sat, remembering her
How it was, before.
Then,
It appeared.
Hovering, refueled, ready.
He got up
And left the memories in alien dust.

Drawing by Patrick Morrow

After

In the months after
The new world grew into him.
Its dust, stones and grit
Sank into his hair and face
He no longer tried, for
The place was in him.
And he was in it.
It only rained when the moon,
Generous as she had been, was full.
Then, he would stand in it
Remembering,
Letting the sadness
Wash away.

Altered State

Stented
Implanted
Botoxed or
IUD-eed
Connected irrevocably
To NICTs
Are u a cyborg
Or fleshly free?
What price have you paid
To alter or be altered
How were you delivered
From weak, damning, failing fleshliness?

New Horizon

It was dark before the light
A long night without respite
The ancestors writhed and cried
Trees looked on as humans died.
This was not new to them
For eons they had been felled
To make way for new horizons.
Now at last, stripped of artifice
Scarred with earth's suffering
Humans stood on a bleak shore
A new horizon beckoned them
To enfold the planet green
To stop the shopping scream
To stem the sky high fly
To cut modernities' ties.
They did,
And lived.

feeling e feio

trinta zero9

EDITORA **TRINTA ZERO NOVE**

"A tradução não se cinge apenas a palavras:
é uma questão de tornar inteligível uma cultura inteira."

Anthony Burgess

EDITORA TRINTA ZERO NOVE

Título **feeling e feio**

Título original **feeling and ugly**

Autora **Danai Mupotsa**

Tradução **Sandra Tamele**

Revisão **Editora Trinta Zero Nove**

Capa e Projecto Gráfico **Editora Trinta Zero Nove**

Paginação **Editora Trinta Zero Nove**

Impressão **Editora Trinta Zero Nove**

ISBN: 978-989-9022-00-3

Depósito Legal DL/BNM/556/2020

Registo 10240/RLINICC/2020

Av. Amílcar Cabral, nº1042

Maputo Moçambique

contacto@editoratrintazeronove.org

www.editoratrintazeronove.org

 @editoratrintazeronove

feeling e feio

danai mupotsa

tradução de sandra tamele

Poesia | (uni)versos 02

Agradecimentos

Meu pai e eu almoçámos juntos no outro dia. Enquanto falávamos e ríamos (porque quando estamos juntos e falamos, rio-me tão profundamente como se estivesse com alguém que me entendesse para além da linguagem) subitamente senti-me invadida por aquela sensação que vem quando se está num bom caminho. Quando penso em mim e no meu pai, e na nossa relação, normalmente lembro-me de como não conseguimos deixar algo passar até sentirmos que o outro nos ouviu completamente. Chamamos um ao outro de teimoso. Durante este almoço, fiquei impressionada com como a minha relação com o meu pai me cura a alma nesta vida.

Então o meu primeiro agradecimento é extenso ao Isaac, meu pai. Mesmo onde não tenhas entendido, ou concordado, nunca me obrigaste a pedir desculpas por falar. És meu professor e curandeiro na prática do amor difícil.

Eunice, Mamã, mostras-me o que significa ser durona, uma mulher complicada. És generosa e gentil. Obrigado por amares tanto os teus filhos difíceis e complicados.

Mudiwa, a alma mais doce do mundo.

Chenai, que traz tanta luz para todos nós.

Nyamikha, minha filha favorita e única que tem fogo na pele e poemas no coração.

Em 2010 ou 2011, ou talvez até em 2012, Sarah Godsell convidou-me para participar num painel como 'perita em género'. Thandokuhle Mngqibisa actuou e eu senti a proximidade avassaladora ao sentir, algo que eu tinha posto de lado há uns tempos. Chorei. Thando, estou-te tão grata pela tua coragem e trabalho. Trouxeste-me proximidade a mim própria e abriste-me uma porta que eu tinha bem fechadinha, imaginando que não tinha nem a coragem nem o sentido para viver de verdade.

Sarah, chamaste-me poeta quando eu ainda mal conseguia por duas palavras juntas. Perdoaste-me a poesia ébria de machibombo. Estou tão grata pela tua amizade. Estou-te grata pelo empenhado trabalho em prol da poesia em todo o lado, sem te fatiares aos pedaços.

Vangile, quando escutei a tua voz (mesmo quando estás ausente e estou a ler as tuas palavras na página na minha cabeça) – sinto passar o dentro para todo lado. É como se tuas palavras fossem enviadas para a terra para ajudar-me a lembrar como se respira.

Sarah, Vangi e Tanya, obrigado por me terem escolhido. E escutado.

Obrigado Quaz Roodt e SA Smythe, por escutarem a poesia em mim há tanto tempo. Obrigado GabebaBaderoon pelo mesmo. Gcobani Qambela, Elliot James e Xavier

Livermon por guardarem um lugar naquele machibombo.

Partilhei esboços desta obra com muitos amigos maravilhosos. Vosso riso e choro e comentários deram vida a esta antologia:

Natasha Himmelman, Polo Moji, Dina Ligaga, Mapule Mohulatsi, Natasha Vally, Anzio Jacobs, Zuko Zikala, Eddie Ombagi, Simamkele Dlakavu, Pumla Gqola, Elina Oinas, Zen Marie, Awino Okech, Farai Goromonzi, Miriam Maina, Sarah Chiumbu, Dorothee Kreutzfeldt, Charmika Wijesundara, Z'etoile Imma, David Kerr, Thobile Ndimande.

Amo-vos, obrigado.

Estou grata pelo espaço e abraço na Jozi House of Poetry. Profunda gratidão para Myesha Jenkins, Mthunzikazi Mbungwana, Rikky Minyuku, Khosi Xaba, Phillipaa Yaa Devilliers e Flow Wellington.

Obrigado Lynda Spencer, Sharlene Khan, Thando Njovane, Yvette Abrahams, Neelika Jayawardene, Ranka Primorac pelos nossos tempos na Af-Fems.

Obrigado Grace Musila e Hugo Canham por guardarem lugar enquanto eu partilhava esta obra no NEST. Obrigado Peace Kiguwa e Shibu Motimele pelo mesmo.

Muito obrigado a Beth Vale por organizar "Se Cona Falasse" e, Noizee Mngomezulu, Daniella Alyssa Bowler, Glow Mamii, Dinika Govender e Athambile Masola por partilharem o palco.

Obrigado a Ruksana Osman e David Hornsby por me deixarem incluir poesia na minha cátedra. Muito obrigado também para Panashe Chigumadzi e Thato Magano por publicarem Recitativo. Obrigado a Michelle Wolff pelo Syndicate Symposia.

Amor e luz para as curandeiras, minhas professoras: Lindy Dlamini, Sinethemba Makhanya, Matuba Mahlatjie, Sina Dondolo, Hashi Kenneth Tafira.

Mandaza Kandwemwa, obrigado por me veres, me cumprimentares e a tudo o que se junta dentro de mim e á minha volta.

Obrigado pela tua poesia e gentileza Dhiren Borisa.

Lidudumalingani, obrigado por te acercares e por leres tão de perto.

Estou a ficar um pouco apavorada e não consigo continuar. Há poetas e escritores importantes que me enchem de vida. Tenho amigos e familiares incríveis. Tenho colegas que abrem espaço para mim para eu levar poesia a tudo. Quero expressar a minha profunda gratidão.

Obrigado por lerem.

Leiam-me com todas as gentilezas.

Índice

feeling e feio

mwana asingachemi anofira mumbereko

filha desnaturada

meu pai uma vez disse
que não me desejava
a ninguém

ele viveu uma vida de preocupações
pelos meus professores
amigos
amores
preocupado que me conhecessem
sem aviso prévio
ou preparação

meu pai uma vez disse
que não me desejava
a ninguém

pena,

ele teima em desejar
ter podido gerar-me
abortando de mim
toda a teimosia.

menininha corre entre a multidão
dança
como se os pés fossem puxados para o céu
ri docemente

menininha brinca com as amigas
mergulha os pés na água
bate palmas com outra
faz-lhe perguntas

menininha atrai olhar
abre mais a boca
de olhar fixo perto do chão

menininha sussurra

Nunca vi alguém tão linda
estar tão feia,
disse ele.

Ele também já me chamou linda
ele achava-me simultaneamente
linda
e assustadora
e ordinária.

Então ele beijou meu rosto levemente
segurou-me a mão,
como se ela pudesse quebrá-lo
e, foi-se.

pedagogia feminista

elaine salo me ensinou a lavar calcinhas.
ela via que eu me esforçava para não dar ouvidos
as minhas tias
e minhas avós
e minhas amigas.
ela viu a tristeza
e a solidariedade delas.
ela disse lavar só á mão,
com Woolite
num domingo á tarde.
elaine salo mostrou como se faz
tal e qual minha mãe tentara.
passei a fazer de tudo
para nunca mais
usar calcinhas.
e no fundo no fundo nós nos amamos.

menininhas brincam numa roda,
roda para mãos
mãos para mãos
mãos para palmas
palmas para sorrisos
sorrisos para saltar
saltar para riso
riso para voar
voar para mariposas.

menininhas voam ás rodas,
todas para dedos
dedos para pontas
pontas para suaves
suaves para toque
toque para sedoso
sedoso para asas
asas para mariposas.

menininhas com asas,
asas para voar
voar para tocar
tocar para dedo
dedo para brincar
brincar para rodas
rodas onde elas voam
elas voam como mariposas.

Desperta com louvores pela sua mãe
que a criou
com sabedoria
de árvore familiar.

O mais interessante
na felicidade é que suas
maquinações exigem contenção da
violência.

A face da beleza
recorda-nos
abraça-nos
estima-nos
aquece-nos
o amor
contido em tão extraordinária
talvez pura e ordinária
violência.

Eu seguro rostos

fazer amor
significa
partilhar hálito
significa
esfregar corpos
significa
molhado e cheiro

Eu seguro rostos,
colecciono-os como fósseis
tão frágeis

Eu seguro rostos,
como um olhar de cima para captar todo tempo e espaço
pará-los
bainhá-los juntos
para eu poder acordar todas as manhãs a mesma

Eu seguro rostos,
como se pudesse juntar-te inteiro
da base da mão,
pelo meu pulso

até ao cimo dos meus dedos,
como se minha aura se esticasse destes dedos
pelos aquivos que guardas em teus olhos

Eu seguro rostos.

Recitativo/Para minha flha

Coisas que minha mãe me ensinou:
nunca ligar para um homem
nunca convidá-lo para encontro
é assim que testas o teu valor,
mulheres que não sabem atrair a atenção de um
bom homem,
amoroso, dedicado e carinhoso
não sabem o seu valor.

Coisas que minha mãe me mostrou:
é importante reprimir
a tua ira.
desafogá-la de formas estranhas
controlá-la com vinho
música triste
agressão passiva
fofoca
lágrimas
pelos teus filhos que
esperas amanhã de manhã
se esqueçam
de como estavas triste
ontem á noite.

Coisas que minha mãe me fez sentir sobre mim própria:
confusão
fracasso
desejo profundo de aprovação
confusão

fracasso
poder no fracasso
princípios de vida que não
são meus próprios, mas uso para me prejudicar
princípios de vida que
possivelmente não são seus próprios, mas

que principiam poderosamente
contra nós.

Formas como minha mãe me vergou:
sempre atenta só a
como eu lhe fazia a vontade
nos princípios que vergam
mulheres.

Sem nunca querer me ver de verdade.

deixando

partes de mim própria
nos meus arranhões
minhas notas
desejos e escrita

partes de mim própria
nos degraus á porta
de amados
partes iguais
amor e risco
partes iguais medo,
impressões
no rosto e mãos da minha filha,
ela é professora de compaixão

deixar-me morrer,
para que outras partes da minha alma possam ganhar vida.

cruel optimismo

a crença que o amor vai durar.
a esperança que justiça é possível.
o desejo de reconhecimento.
a vontade de acordar todos dias.

Para o bebé que abortei

Tenho saudades tuas dentro de sítios que meu corpo não
esquece
Tenho saudades tuas dentro de sítios onde meus
antepassados não me encontram
Choro-te dentro de partes da minha existência que só deus
pode tocar

Conheço a sobrevivência,
ela cheira ao teu hálito.

da pesada

sou da pesada como
sexo no banco de trás do carro do teu marido
quando tu buscas os nossos filhos na escola.
e não me sinto mal por isso.
e negarei até ao dia da minha morte.

Sorvete cremoso
delicioso.
Sorvete cremoso
Delicioso á volta da boca
E doce
Sorvete cremoso
Delicioso
Com estaladiço amolecido que
vem no fim
Delicioso.

Correria meus dedos pelas tuas costas
unindo pontos,
brincando tocando suavemente a tua pele.

Escreveria cartas
mais na minha cabeça
às vezes faladas em voz alta,
pressionar meus lábios
e meu hálito
tocando-te.

Deitaria ao teu lado
para mapear nossos mundos juntos,
camadas
uma em cima da outra

implorar-te
que me ames.

Com uma pedra de gelo

Estamos nós
em calmaria
por um momento de
engenhoso raciocínio e
lágrimas quentes.

Algumas manhãs acordo e só me sinto preta
como se tivesse passado a noite sonhando fogo,
cada milímetro da minha pele queimando numa chama
azul, vermelha, laranja, preta

talvez seja fácil ler em mim familiaridade
mamã, papá
e meninas e meninos pretos e castanhos
formados em escolas onde só mulheres brancas eram
nossas professoras,

formam-me com vossa familiaridade
não conhecem a menina que dormiu no chão
aquele homem aninhado ao meu lado
deixei que empurre seu polegar cascudo para dentro do
meu corpo
não fiz alarido,
foram só umas horas
um lugar para dormir
e um emprego

num seminário qualquer
uso palavras como discurso,
para me poderem ver
ler em mim familiaridade
não conhecem a menina que eles rodaram
naquela festa como um jogo,
eles riam.

Ouvem-me usar palavras como patriarcado,

embrulhem essa palavra com-p na minha língua
falem nela como um sistema, uma estrutura, relação, um
fingimento
Vocês me distanciam
de todos outros   névoa preta

Canções românticas
canções revolucionárias
canções ardentes
não são sempre as mesmas, sabes.
É preciso trabalhar duro para saber a diferença.
É preciso trabalhar duro para aprender outras coisas.
Canções românticas
canções revolucionárias

Quero canções ardentes.

protesto

dócil
desejo
batucando
gritando
corpos quebrados
cantando

bo sorte

menininhas
e mulheres tristes
dançam
lamuriam
enquanto cozinham nas cozinhas,
de prazeres densos
combinados a aulas
de amizade como violência.

menininhas
e suas tias
dançam
lamuriam
tios passam
elogiam o cozinhado
e dançam
e lamuriam.

Menininhas
aprendendo a dançar,
enquanto riem
e choram
e ficam caladas.

sobre a divisão de tarefas entre os sexos

branco fala
preto dança

peço-te deixa queimar
um pouco de sálvia
por cima
de toda esta tua trapalhada

Sobre Morte e Prazer

Ela amarrou o corpo
á volta dela
como se pudesse espremer toda a vida,
com toda a sua maciez.

Ela lhe olhou nos olhos,
como se dentro das suas profundezas
houvesse mapas de tesouro
de guerra
ou liberdade.
Para lugares onde poderiam encostar uma na outra
completamente
sem medo da morte.

Ela encostaria nela
por trás
seus braços e mãos e rosto prementes tocando nela,
sua língua premente
abre aos círculos
caminho para dentro dela

benzedor

sexy paíto
me abraças
em sítios
onde me
abro
gemendo,
parte tédio
parte gozo
toda descarada

fruteira

Quero te trepar
como uma fruteira,
equilibrando desajeitadamente
minhas partes carnais
contra tuas ancas
pressionando teus seios
contra minha boca
deixando tão pouco oxigénio
para partilharmos as duas,
quero te escalar
como minha amiga Pumla monta
a fruteira
abocanha maçãs
como nunca deixará
de apetecer
a fome visceral
dentro dela.

te vi sorrir
e imediatamente ficou patente
que eu escreveria cartas de amor,
te desejando
até ao dia da minha morte.

1. Quero te fazer feliz

2. Te amo

3. (Não fujas por causa do n° 2)

O vamos lá

sou eu
na esperança de atrair teu olhar

sou eu às vezes notando
que me notaste

mesmo no fim da festa
é às vezes o meu querer
às vezes teu

é tua mão na minha coxa

minha mão acidentalmente no teu peito
é dois hálitos apanhados num beijo,

o anda cá
é toda nossa falta de jeito

sou eu a inclinar meu pescoço para trás
é tua mão por cima da minha
é nossos dedos conectando

o anda cá
é antecipar tudo e nada

o anda cá
fractura toda minha soberania

Para a mulher que teve um filho com o amor da minha vida

Nunca aprenderei a te amar
apesar de mim
e do meu coração
e da minha saudade

amarei esse bebé
como se tivesse germinado do meu polegar,
e para o mundo para me conhecer

sorrirei no meu coração ferido
e testemunharei o encenar da tua felicidade

tentarei não ser mesquinha

crescerei

deixarei de desejar não o amar tanto assim

aprenderei a fingir
que ele não me mostrou só indiferença.

vampiros

estes tios que nos ensinam
a pensar
escrever
e respirar
á distância.
enquanto choramos pelo seu reconhecimento
anestesiadas na dor
e silêncio,
perdemos a língua
para falar
de como nos
chuparam o sangue todo.

estes tios
nos pedem para sermos racionais
enquanto nos violam.

Cara revolucionária

Meus lábios foram tecidos juntos,
bocados de esmeralda e sereia
espremidos juntos em luz r o s a, a z u l, v e r d e, r o x a
Quando os deuses imaginaram meu rosto
sopraram palavras para a minha língua
acariciaram vida nos meus pés, minha barriga, minhas
mamas,
eles cantaram tão alto que dava para todo outro deus ouvir
o meu nome,

mesmo assim pensas que vim aqui para ser tua curandeira?

Com que idade se é velha demais para continuar a deitar com maridos de dono nas conferências?

invejosa

te ver tocar a mão dele

como se tivesse crescido na tua própria barriga
e a tivesses soltado da tua boca
e beijado
como se tivesses nascido para beijar aquela mão,
me vira do avesso
como se meu corpo
pudesse nunca esquecer
como é querer a ele.

votos nupciais

Eu te amarei até ao dia que deixar de te amar
Será o tipo de amor que consome
cada parte de ti
Quando eu estiver feliz
conhecerás toda eu feliz
Inundar-te-ei de feliz
e doçura
Quando eu estiver irada
Encherei o quarto com toda minha ira
Me recuso a te dar uma vez sequer indiferença
Enquanto eu te amar
E te amarei até ao dia que deixar de te amar

Amada
me fazes sonhar
só mamilos e
dedos e molhada.

amigas de verdade sabem que ou vai ou racha
pelo menos é o que prometemos,

vê-las casarem
e defender aquele ritual de mentiras
como se esta fosse a verdadeira amizade

para as mulheres que caminham horas a fio todos dias
e todo dia
que não conhecem sentimento nenhum
de exaustão

cujos hematomas marcam momentos de colapso e ressurgir

cujas manhãs e noites estão alinhavadas
tão juntas
que seus sonhos aprenderam a escorregar pelas
rachas dessa escuridão em radiosos, breves, essencialmente
dilacerantes
lampejos

que não sabem isso de tempo ser dilacerado

cujos pés doem de manhã
quando acordam para o dia seguinte
aquele primeiro momento de fôlego
quando quebram rotina para a brevíssima consciência do
corpo,
dorzinha lombar
e picadas de lado e no peito e na barriga

levantar
alimentar outros
perder estribeiras
falar rispidez
falar gentileza
abraçar outros docemente
continuar a caminhar.

minhas amigas bebem demais
bebem pela felicidade
bebem pela tristeza
bebem pelo tédio
bebem para despertar.
todas minhas amigas bebem demais
como se vertessem dentro das partes delas onde um dia
viveu a alegria
e nós dançamos
nós rimos
nós tocamos
o tempo todo.
minhas amigas bebem demais
como se tristeza fosse o lugar
onde coragem começa.

impepho
(para Mirrie)

aprender a te amar me veio tão louco e natural como
respirar

não aceitarei amores

que não saibam o que significa

usar a sua língua.

quando olhos nos olhos

ela me deixou cair,
me deixou cair do meu desajuste social
me deixou afogar

íamos beijar
e abraçar
e estrangular, docemente

barrar nenhum sentido na nossa brincadeira

e de manhã
eu notaria todas as marcas na pele dela
encostaria meus dedos em cada uma
para ver se era real

foi assim muitos dias
amor
mordidelas
e afogamento

Me lembro do primeiro momento
que te notei
notei tua presença,
planavas
como se amasses a ideia de ninguém dar por ti.
te vi andar pela sala
consumindo-a,
visão e som
como se pudesses ser indiferente
até notares a ela
e nesse momento,
tudo se quebrou
um olhar ainda te podia fatiar
te abrir ao meio

te notei
e te amei
naquele mesmo momento,
como se pudesse apanhar teus pedaços
recolhê-los nas minhas mãos,
gatinhar para salvar os pedacinhos
usar minha língua
e minhas lágrimas
para te aninhar

apesar de intuir que devia fugir
virei-me para o amor, para te salvar
feito ave quebrada.

Toda minha vida, te amei

ave quebrada,
minha mãe era uma ave quebrada.

a mãe encontrou-a
sentada na chão

cabeça inclinada contra a sanita de porcelana

bebé morto flutuando na bacia

a mãe chamou-lhe puta.

Elas nunca mais tocaram no assunto

Hilda

I
Minha avó é
uma mulher que nunca conheci.
ela assombra.
seu corpo sentado ao meu lado de noite
mão encostada ao meu rosto no meu sono
ela traz as dádivas da água
me implora que salte para aquela piscina
ela jaz nas suas profundezas
sonha o dia que me juntarei a ela.

II
Me deste as ferramentas para voltar a montar as partes de
mim.

III
Ainda sinto o teu hálito quando sonho passar por todas as
tuas
flores

botão estupro

dói tanto
ser tocada.

Como quando ar fresco te bate
nos pulmões

e te engasgas,
sentes o peito partido

e esperas não fazer barulho.
dói tanto
ser tocada.

O Sujeito do "Eu"

Para os espíritos uivantes que cantam pelo meu espírito
e respiram pela minha barriga

abraço desesperadamente corpos e olhos sorridentes e
amáveis. Por alguma sentida coerência. Conexão que significa
que tenho um lugar. Eu não tenho lugar. Palavras e lágrimas
jorram quentes, pele húmida queima e apetece gritar. Rosto
permanece impávido mantém controlo por um momento
de esperteza me suspende no lugar onde minha voz fala,
não quebra, e no tom do grito silencioso fala unidade de
baboseira coerente incoerência.

Anseio prazer que vem com língua e pele e olhos que tocam
e amor por baixo e amor por cima macieza e aspereza e
olhos. Comigo, e outro e outro e outro; sentir a tua urgência
de possuir cada parte de mim enquanto tentas apanhar-me
nos momentos em que me sento quieta e só quero devorar
tua cara, a tua cara toda e braços; te consumir inteiramente
por um momento suspensa nas mentiras da afirmação. Só
para acordar e recordar minhas feridas, minha incompletude,
minha incoerência.

Quero que os espíritos que cruzam minha pele quente
me recusem, não me reconheçam, me abracem forte e me
recordem do controlo do amor e do poder das minhas
feridas e que fogo nunca pode ficar parado. Não quero nunca
aceitar ou ficar parada apesar de perdoar meus momentos de
inactividade.

Quero viver outro e outro e outro

simultaneamente
infinitamente múltipla
contra a crença que eu não nunca escaparia uma-em-três.

Para feiticeira, maga, sábia

Minha amada,
que esconde coragem
onde somos mais ocasionadas
a silenciar
ou confortar
Minha amada,
que sopra gentileza
nos lugares que
outros defendem

Minha amada,
que sopra fumo
para dentro de partes de mim
onde meus antepassados sonham
que os posso encontrar

Minha amada,
parte humilde, parte orgulhosa
cujo toque envelopa
minhas partes quebradas
e me cura.

Não acho que irei deixar de escrever poemas
sobre teu rosto
e tua voz
e teu cabelo

Escreverei poemas sobre teus lábios
e a forma como abraças todo teu corpo
como se fosse o único corpo de sempre

Escreverei poemas sobre como usas as palavras
Escreverei poemas como se esperasse que notes
Escreverei poemas sobre abraçar tuas partes e teus todos
Sonharei toque entre nós.

As vezes esqueço o que significa te conhecer neste mundo;
Não sei se irei deixar de escrever poemas sobre ti.

Eu disse que a amava
ela disse "não obrigada"
ela disse que só me podia oferecer suas quebras,
não deve saber
que a amo do fundo das minhas quebras.

Cara mágoa,
magoada
magoa

vai buscar mopa,
limpa todas tuas lágrimas.

Mostra a tua, eu mostro a minha

ela me pediu docemente
para falar com ela devagar, porque
acho difícil
escolher difícil
em vez de ressentimento.

eu disse que a amava
só isso.

ela pediu outra vez,
muito docemente
para escolher difícil.

eu disse que a amava
e
que me é difícil dizer
que ela me fere com a sua indiferença.

ela falou comigo devagar,
docemente de novo, quase com amor
para escolher difícil.

parei de respirar
receando que ela me abrisse ao meio
naquele momento,
fechei a boca
e escolhi ressentimento.

botão alarme

respirar
juntos assim
me enche de poder.
respirar
juntos assim
me enche de orgulho.
respirar
juntos assim
dói.
expiramos pela
ferida,
é sensação de partir
em discurso
em pedaços
respirar
juntos assim
me enche aos pedaços.

há gente que vive em casas tão lindas
  com lindos jardins
adornados de flores,
que as aves visitarão em aprovação.
quando és convidada para essas casas
notas sua felicidade,
estampada nas fotos pelas paredes
mobílias macias
cheiros suaves.
há gente que vive em casas tão lindas
onde nunca se faz sexo.

Justiça
é mágoa
embrulhada
em papel bonito
oferecida com
sentimento barato
por amigos
que têm terrenos.

Circo

Algumas de nós cresceram no Circo.
Nossas mães nos deixavam nas avós
nos deixavam encostadas a lassos peitos,
enquanto elas aprendiam prazeres
de dança e bebida,
com nossos pais
vinham de carro para casa
bêbadas.

Nós bazávamos de casa
de umbigo e bochechas á mostra
nas meias-blusas e calçõezinhos
comprados com dinheiros roubados
e fantasias emprestadas.

No Circo,
Vimos nossas amigas pinadas contra a parede
por rapazes das nossas idades
e tios de idade.
Bazávamos do bar com esses homens
que nos tocavam mais privadamente
em bancos traseiros de carros
detrás de esquinas.

Algumas de nós cresceram no Circo.
Nós ríamos
no dia seguinte
por amizade
de quem tinha os lábios cortados por

paixão a mais
e força a mais.
Nós comiserávamos
por aquela cujo amor nunca veio.

Estou irada,
Às vezes isso me torna mesquinha.

Quero sonhar um amor tempestuoso
Que não me apanha pelas costas
pela calada com quebrada mal formada
Que não precisa quebrar meu corpo,
esse amor estranho repetitivo que aprendemos querer
significar afirmação
é reciprocidade emoldurada por retribuição.
Não.
Quero canções de amor tempestuosas
que dizem só para agora,
Porque no momento que sentisse que se quebrasse
Procuraria outra casa

elas se ajuntam como fumo
primeiro em girinhos macios
e hálito pleno de luz

elas nos apanham
e a todo nosso optimismo
então, dançamos para elas
dançamos,
como se pudesse quebrar o inchaço dos nossos pés
como se dançarmos,
pudéssemos doer menos no nosso todo
como se dançarmos,
pudéssemos encontrar bolsos para meter toda a bondade
que não encontra lugar no mundo

olhamos para o céu
trazemos sal às nossas mesas,
batemos com as mãos no chão
chamamos nossos sentidos
rezamos para cair chuva

Odiai os espertos
sem poesia
em seus corações

vida planta

eu gostava de imaginar
o tipo de vida
que me permita um momento
de notar,
de ciclos e promessas
bolsas de desejares flutuando densas no ar
recebendo promessas,
como se promessas pudessem alguma vez oferecer sem
sequer um toque

outras vezes
dou tempo
para viver
o tipo de vida
e notar,
manhãs abrindo
com o abraço de grandes ramos
beijos desabrochar de hálito
e o peso dos nossos sonhos
colapsando juntos
promessas
memórias
futuros
colapsam num caso amoroso
gravado no tronco
e debaixo das minhas unhas,
onde trepámos e gatinhámos e abraçámos
onde tocámos.

amar

requer coragem

oferece prazeres desajeitados
na espera

requer
formas
de saber

antecipa
dor

Não consigo sair de casa
sem brincos
É quase como se
flutuassem sobre
a terra toda
carregando meu corpo
como escudos para as partes-alma dentro da minha barriga
escudos contra quem
tenta espreitar para dentro de mim

Meus brincos
tempestades de granizo
blocos de gelo
se despenhando na terra
que vão quebrar
abrir para mim
para eu poder escalar para dentro dela
meu cobertor

Meus brincos
são feitos de fumo
e trovão
cantando canções românticas
canções revolucionárias
canções fogosas

Não consigo sair de casa
sem brincos

Estou de luto pela menina doce
que vive dentro de mim.
Ela senta á sombra de uma árvore
e teme a própria sombra.
Ela fugiu de mim
um dia
porque viu tudo o que tenho de feio
e culpou a si própria

Só sei escrever poemas de amor.

A PUBLICAÇÃO DESTE LIVRO FOI POSSÍVEL GRAÇAS AO GENEROSO APOIO DE:

Carlos De Lemos
Master Power Technologies Moçambique S.U., Lda.
Abiba Abdala
Abílio Coelho
Almir Tembe
Ângela Marisa Baltazar Rodrigues Bainha
Celma Mabjaia
Celso Tamele
Eduardo Quive
Emanuel Andate
Euzébio Machambisse
Hermenegildo M. C. Gamito
Inês Ângelo Tamele Bucelate
Jéssica Brites
João Raposeiro
José dos Remédios
Julião Boane
Maria Gabriela Aragão
Pincal Motilal
Ricardo Dagot
Sónia Pandeirada Pinho
Virgília Ferrão

O SEU NOME TAMBÉM PODE CONSTAR AQUI E NOUTROS LIVROS

SUBSCREVA OU OFEREÇA UMA SUBSCRIÇÃO
AOS SEUS AMIGOS E FAMILIARES

Além das vendas na livraria, a Editora Trinta Zero Nove conta com subscrições de pessoas como você para poder lançar as suas publicações.

Os nossos subscritores ajudam, não só a concretizar os livros fisicamente, mas também a permitir-nos abordar autores, agentes e editores, por podermos demonstrar que os nossos livros já têm leitores e fãs. E dão-nos a segurança que precisamos para publicar em linha com os nossos valores literários e de responsabilidade social.

Subscreva aos nossos pacotes de 3, 6 ou 12 livros e/ou audiolivros por ano e enviaremos os livros ao domicílio antes da publicação e venda nas livrarias.

Ao subscrever:

- receberá uma cópia da primeira edição de cada um dos livros que subscrever
- receberá um agradecimento personalizado com o seu nome impresso na última página dos livros publicados com o apoio dos subscritores
- receberá brindes diversos e convites VIP para os nossos eventos e lançamentos

Visite www.editoratrintazeronove.org ou ligue para nós pelo 870 003 009 ou envie-nos um WhatsApp para 847 003 009 para apoiar as nossas publicações ao subscrever os livros que estamos a preparar.

feeling e feio

danai mupotsa

DANAI MUPOTSA nasceu em Harare e viveu no Botswana, Estados Unidos e África do Sul onde reside actualmente. Ela descreve-se como professora e escritora. feeling e feio foi maioritariamente escrito entre 2016 e 2018, apesar de parte dos poemas terem sido escritos anteriormente ou previamente publicados de alguma forma. A antologia junta vários status e locais por onde ela passa, como filha, mãe, professora, catedrática e escritora. Destes lugares, muitos dos poemas tentam abordar sentimentos difíceis sobre o que significa 'fazer política' a partir de uma complexidade empática. "Estou irada, o que as vezes me torna mesquinha" é um exemplo. Esta antologia carrega um conjunto de pontos de vista, de vontade para pedagogia, política e optimismo. E enquanto carrega um apego a afecto irremediável ou negativo, ela fecha ao descrever a obra, ou toda a sua obra, como poemas de amor. Esta antologia é uma longa carta de amor para quem tem vontade.

Tradução de Sandra Tamele

ISBN 978-989-9022-00-3

Printed in the United States
By Bookmasters